养成教育

第三册 下

总主编　郭齐家

高广立

日新其德 日勤其业 臻于至善

济南出版社　汉唐书局

图书在版编目（CIP）数据

养成教育 . 第三册 下 / 郭齐家，高广立主编 . —济南：
济南出版社，2021.12
ISBN 978-7-5488-4869-1

Ⅰ . ①养… Ⅱ . ①郭… ②高… Ⅲ . ①养成教育—小学—
课外读物 Ⅳ . ① G621

中国版本图书馆 CIP 数据核字（2021）第 251854 号

出 版 人　崔　刚
丛书策划　冀春雨
责任编辑　殷　剑
专家审读　于建福
装帧设计　曹晶晶
封面插图　曹晶晶

出版发行　济南出版社
地　　址　山东省济南市二环南路1号（250002）
编辑热线　0531-86131747（编辑室）
发行热线　82709072　86131701　86131729　82924885（发行部）
印　　刷　山东彩峰印刷股份有限公司
版　　次　2022 年 2 月第 1 版
印　　次　2022 年 2 月第 1 次印刷
成品尺寸　185 mm×260 mm　16开
印　　张　4
字　　数　43 千
印　　数　1—5000 册
定　　价　12.00 元

编 委 会

序　言

2018年9月10日，全国教育大会在北京召开，习近平总书记强调，"要深化教育体制改革，健全立德树人落实机制"，"培养德智体美劳全面发展的社会主义建设者和接班人，加快推进教育现代化、建设教育强国、办好人民满意的教育"，"要给孩子讲好'人生第一课'，帮助扣好人生第一粒扣子"，"全社会要担负起青少年成长成才的责任"。

文化是教育的命脉，教育是文化的生机。党的十九大报告指出，"文化自信是一个国家、一个民族发展中更基本、更深沉、更持久的力量"，"推动中华优秀传统文化创造性转化、创新性发展，继承革命文化，发展社会主义先进文化，不忘本来、吸收外来、面向未来，更好构筑中国精神、中国价值、中国力量，为人民提供精神指引"。

济南出版社就是以习近平新时代中国特色社会主义思想为指导，高度落实习近平总书记关于教育的一系列重要论述，深度理解中华文化的根源与发展，追本溯源，隆重推出《养成教育》系列图书。本套图书由全国著名养成教育专家联合编写，按照一体化、分学段、有序推进的原则，图文并茂，贴近生活，把中华文化的精神全方位融入一至九年级各学段，其核心目的在于帮助青少年从小树立正确的历史观、民族观、国家观、文化观，培育健全人格，养成良好习惯，永续中华民族的根与魂，做堂堂正正的中国人。

教育不应简单以分数、升学、文凭等作为评价的导向，不应被片面地理解为科学技术知识的传递，还应注重心性的涵养、道德的培育、习惯的养成。

中国传统教育是博雅教育，既包含今天的技术教育、知识教育，又包含艺术教育、身体教育与生命教育等德智体美劳诸方面。其核心是如何使人成为全面发展的人，尤其是有道德的人。其方法是讲究涵泳，就是身临其境，获得一种真切的体会，尤其是让青少年在兴趣的培养中受到熏陶和感悟，在潜移默化中养成乐善好群、敦厚优雅的品行。它不是一种外力强加的道德说教，是真正自觉的自我教育，是生活实践式的，通过点滴积累收获自己的体验，既可以丰富青少年自身，调节性情，又通过青少年的行为影响公共事务与社会风俗。"少成若天性，习惯如自然。"从长远来看，应当把青少年的养成教育放到一定的高度，让青少年自小就能够在中华文化滋养下健康成长。这些内容既是中国传统教育思想的宝贵遗产，也是本套图书编写过程中的重要灵感来源。

2021 年 7 月 1 日，在庆祝中国共产党成立 100 周年大会上，习近平总书记强调："新时代的中国青年要以实现中华民族伟大复兴为己任，增强做中国人的志气、骨气、底气，不负时代，不负韶华，不负党和人民的殷切期望！"我衷心期望《养成教育》系列图书的出版，能为新时代青少年的成长"培根""铸魂""打底色"，在收获丰富的传统本源文化知识的同时，培育他们高尚的德行、大爱的胸怀、善念的种子，并且提升为人处世、应事接物的能力，增添一份亲切而厚重的民族自豪感、文化认同感，绵绵用力，久久为功，为实现中华民族的伟大复兴凝聚智慧和贡献力量。

郭齐家

2021 年 7 月于北京回龙观寓所

目录

1

2

3

4

5

6

7

8

1. 我爱人民解放军

1927年8月1日，中国共产党在南昌发动了武装起义，建立了第一支由中国共产党领导的人民军队。这支军队先后使用过中国工农革命军、中国工农红军、八路军、新四军等称谓，后来改称中国人民解放军。每年8月1日是中国人民解放军建军纪念日，也是我国的建军节。

故事在线

人民英雄黄继光

1952年10月，上甘岭战役打响了。这是朝鲜战场上最激烈的一次阵地战。

黄继光所在的营已经持续战斗了四天四夜。第五天夜晚，他们接到上级的命令，要在黎明之前夺下被敌人占领的597.9高地。

进攻开始了，大炮在轰鸣。战士们占领了一个又一个山头，就要到达597.9高地的主峰了。突然，敌人一个火力点凶猛地射击起来。战士们屡次突击，都被比雨点还密的枪弹压了回来。

东方升起了启明星，指导员看看表，已经四点多了。如果不尽快摧毁这个火力点，在黎明前就攻不下597.9高地的主峰，已经夺得的那些山头就会全部丢失。

黄继光愤怒地注视着敌人的火力点，转过身坚定地对指导员说："指导员，请把这个任务交给我吧！"指导员紧握着黄继光的手，说："好，我相信你一定能完成这个光荣而艰巨的任务！"

黄继光带上两个战士，拿了手雷，喊了一声："让祖国人民听我们胜利的消息吧！"便向敌人的火力点爬去。

敌人发现他们了。几发照明弹升上天空，黑夜变成了白天。炮弹在他们周围爆炸。他们冒着浓烟，冒着烈火，匍匐前进。一个战士牺牲了，另一个战士也负伤了。摧毁火力点的重任落在了黄继光一个人的肩上。

火力点里的敌人把机枪对准黄继光，子弹像冰雹一样射过来。黄继光肩上腿上都负了伤。他用尽全身的力气，更加顽强地向前爬，还有20米，10米……近了，更近了。

啊！黄继光突然站起来了！在暴风雨一样的子弹中站起来了！他举起右臂，手雷在探照灯的光亮中闪闪发光。

轰！敌人的火力点塌了半边，黄继光受伤倒下了。战士们赶紧冲上去，不料才冲到半路，敌人未被炸毁的两挺机枪又叫起来，战士们被压在山坡上。

天快亮了，规定的时间马上到了。指导员正在着急，只见黄继光又站起来了！他张开双臂，向喷射着火舌的火力点猛扑上去，用自己的胸膛堵住了敌人的枪口。

"冲啊！为黄继光报仇！"喊声惊天动地。战士们像海涛一样向上冲，占领了597.9高地，消灭了阵地上的全部敌人。

黄继光是我们的好榜样，我们应该学习他这种舍己为人的精神，发愤图强，将来为建设祖国贡献力量。

通过这个小故事，我们知道了今天的和平生活来之不易。所以我们一定要好好学习，珍惜当下的幸福生活。

名言伴我行

兵者，国之大事，死生之地，存亡之道，不可不察也。

——春秋·孙武《孙子兵法·计篇》

军民团结如一人，试看天下谁能敌！

——毛泽东《杂言诗·八连颂》

血染沙场气化虹，捐躯为国是英雄。

——董必武《邯郸烈士塔》

革命流血不流泪，生死寻常无怨尤。　　——陈毅《记遗言》

我们在行动

同学们，想一想你们能用什么方式拥军爱军，快行动起来吧！

贴照片处

知识链接

中国人民解放军的主要军种

目前，中国人民解放军拥有五大军种，分别是陆军、海军、空军、火箭军、战略支援部队。

陆军是人民解放军的主要军种，也是人民解放军历史最久的军种。它担负在陆地作战的任务，同时是抢险救灾的中坚力量。它既能独立作战，又能与海军、空军联合作战。

中国人民解放军陆军诞生于1927年8月1日。它经历了中国工农革命军、中国工农红军、八路军和新四军等称号，后改称中国人民解放军。

陆军由步兵、装甲兵、炮兵、防空兵、陆军航空兵、工程兵、防化兵、通信兵等兵种及电子对抗兵、侦察兵、测绘兵等专业兵组成。

海军是以舰艇部队为主体，在海洋上作战的军种。中国人民解放军海军于1949年4月23日正式成立。

海军由舰艇部队、潜艇部队、海军航空兵、海军岸防兵、海军陆战队等兵种及专业部队组成。海军下辖北海、东海、南海三个舰队和海军航空兵部。舰队下辖基地、水警区、舰艇支队、舰艇大队等。

海军的主要任务是独立或协同陆军、空军防御敌人从海上入侵，保卫领海主权。

空军是主要进行空中作战的军种。中国人民解放军空军于1949年11月11日正式成立。

经过半个世纪的建设，人民空军已经发展成为一支由航空兵、地空导弹兵、高射炮兵、雷达兵、空降兵、电子对抗兵、气象兵等多兵种合成，由歼击机、强击机、轰炸机、运输机

等多机种组成的现代化高技术军种。

空军的主要任务是国土防空，支援陆、海军作战，对敌后方实施空袭，进行空运和航空侦察等。

火箭军是中国人民解放军新的军种，由第二炮兵更名而来，于2015年12月31日正式成立。它是以地地战略导弹为主要装备，担负核反击战略作战任务的军种，是中国大国地位的战略支撑，是维护国家安全的重要基石。它的主要任务是遏制敌人对中国使用核武器。

战略支援部队是陆、海、空、火箭之外的第五大军种，于2015年12月31日成立。

战略支援部队是将战略性、基础性、支撑性都很强的各类保障力量进行功能整合后组建而成的，它是维护国家安全的新型作战力量。

战略支援部队的任务包括：对目标的探测、侦察和目标信息的回传，日常导航行动，北斗卫星和太空侦察手段的管理，电磁空间和网络空间的防御，等等。

中国人民解放军五大军种有不同的作战领域和使命，有特定的服装、标志（臂章、胸标等）和装备，有各自的编制、训练、作战特点和战略战术，具有独立作战的能力。同时，五大军种又可以统一指挥、联合作战，以发挥更为强大的战斗力。

我的收获

"我是拥军爱军小达人"评价表

评价内容	评价等级			
	自我评价	同学评价	老师评价	家长评价
关注我军的建设及发展情况				
能说出我军的主要军种及其特点				
主动了解我军历史上的英雄人物及其事迹				
积极参加学校组织的拥军活动				
感悟收获：				

评价说明：评价分为优秀（A）、良好（B）、一般（C）、再努力（D）四个等级。

请家长、老师、同学对被评价人一周的表现进行评价。

2. 与邻居友好相处

建立友好和睦的邻里关系，不仅有利于自己的家庭生活，而且对社区、对社会都有积极的影响。这也是社会主义精神文明建设的重要内容。我们平时在与邻居相处时，一定要做到互敬、互助、互让。

故事在线

好邻居

山坡上立着两座新房子。两座新房子紧紧挨着，像兄弟一样。那是小浣熊和小乌龟的家。

可是，住进新房子不久，小浣熊就想搬家了。

"小乌龟的动作太慢了，走路慢腾腾，做事慢腾腾……我受不了啦！"小浣熊说。

小浣熊每天出去找地方，要重新盖一座房子。

这天上午，太阳很大，小浣熊从贮藏室里拿出一袋花生晒在门口，然后又出去找盖房子的地方。

快到中午的时候，天上忽然乌云密布，接着"哗啦啦"下起了大雨。

"糟啦，我晒在门口的花生！"正在外面的小浣熊急忙往家赶，可哪里来得及。

小浣熊冒着雨回到家。咦，晒在外面的花生不见了。仔细一看，不知是谁收起来了，还装进了袋子，放在屋檐下淋不着雨的地方。小浣熊走过去打开花生袋子，花生是干的，没有被雨淋湿。"是谁帮我收的呢？难道是邻居小乌龟？"小浣熊向小乌龟家走去。

小浣熊踏进小乌龟的院子，看见小乌龟正在收晒在院子里的被单。被单已被雨淋得湿透。小浣熊问："小乌龟，是你帮我收的花生吗？"

"是的。我的动作慢，真担心花生被雨淋湿了，还好，收完了才下雨。"

小浣熊十分感动："为了给我收花生，你自己的被单都淋湿了。"

"没事，被单淋湿了可以再晒干，可花生淋湿了就要发霉了。"

小浣熊紧紧握住小乌龟的手："谢谢你，小乌龟！"

第二天，小浣熊拿着花生来到小乌龟家，它们俩坐在桌子前边喝茶水，边吃花生。

小河马路过门口，问小浣熊："你今天不去找地方盖房子了？"

小浣熊大声回答："不，我不搬家啦，我有一个好邻居！"

通过这个小故事，我知道了人与人相处，只要相互多一分理解，多一分谦让，多一分宽容，就很容易化干戈为玉帛，和谐局面就会出现。

名言伴我行

有子曰："礼之用，和为贵。" ——《论语·学而》

我尝有匮乏，邻里能相分；我尝有不安，邻里能相存。

——唐·元结《与瀼溪邻里》

礼仪勿疏狂，逊让敦睦邻。 ——北宋·范仲淹《家训百字铭》

远水难救近火，远亲不如近邻。 ——《增广贤文》

我还知道一些有关邻居相处之道的名言：

_____

_____

_____

我们在行动

在生活中，我们最常见到的不是亲戚朋友，而是住在一栋楼里，门对门的或者楼上楼下的邻居。大家几乎每天都会在楼道里、电梯里、单元门口遇到。你平时是怎么和邻居相处的呢？是见面后像陌生人一样匆匆而过，还是见面会主动打招呼、聊天呢？

见到邻居要主动上前打招呼。

邻居有困难时，要力所能及地帮助他。

……

在家娱乐或锻炼时，一定要降低音量，不要打扰邻居。

想一想，我们还应该怎样与邻居友好相处呢？

平时相处

1. 互相尊重，互相理解。

2. 共同维护公共秩序。

3. _____

4. _____

有矛盾时

1. 站在对方的角度思考问题，心平气和地与邻居沟通，尽快解决矛盾。

2. 与邻居争吵后，主动接近邻居并向对方道歉。

3. _____

4. _____

知识链接

中国古代睦邻故事

◎子罕让邻

春秋时期宋国有位大臣叫子罕。他仁爱谦让，处处为别人着想。

有一年，楚国有个使者去拜访子罕。使者发现子罕南边邻居家的墙把子罕家的大门挡住了，很好奇子罕为什么不把他们赶走。子罕说："南边的邻居家三代都是鞋匠，把他们赶走，他们就没法生活了，我怎么能损人利己呢？"

使者又发现西边邻居家的水流进了子罕家里，子罕竟然也不生气。使者惊讶地问："你怎么忍受得了？"子罕说："西边邻居家的地势高，我家的地势低，水往低处流，这不是邻居的错。"

使者心中不禁赞叹："这个子罕真是了不起啊！"

◎司马徽让猪

司马徽是东汉末年一位博学多才的隐士。

有一次，邻居家走失了一头猪。邻居觉得司马徽家的猪像是自己家的，就去讨要。司马徽并不争辩，让邻居把猪赶回家了。

过了几天，邻居从别处找到了自己家的猪，很羞愧地把司马徽家的猪送了回来。司马徽不但没责怪邻居，而且安慰他说邻里间发生这类误会在所难免。邻居非常感动，从此对司马徽更加尊重了。

◎杜甫为邻居写诗

唐代大诗人杜甫晚年在夔州定居时，西边的邻居是一位没有子女、生活贫苦的老妇人。老妇人经常来杜甫家里打枣。杜甫知道她孤苦无依，因此从不阻拦。

后来杜甫的亲戚吴郎来到夔州，杜甫就把房子借给吴郎住，自己搬了出去。吴郎住下后，在房子周围插了篱笆。杜甫怕吴郎的举动会让老妇人不敢来打枣，特意写了一首诗嘱咐吴郎。诗中写道："堂前扑枣任西邻，无食无儿一妇人。不为困穷宁有此？只缘恐惧转须亲！"诗人说老妇人是因为贫苦才来自己家里打枣，劝吴郎善待这位邻居，不要阻拦她，还要对她态度和蔼亲切。杜甫设身处地为邻居着想的精神令人感动不已。

◎杨翥卖驴

明朝礼部尚书杨翥居住在京城，平日骑驴上朝或外出。他非常喜爱这头驴，每天回家都亲自为它喂料。

杨翥的邻居是一对夫妻，他们的孩子一听到杨翥的驴子叫，就哭个不停，搞得全家人不得安宁。可杨翥是朝廷的大官，这家人也不敢向杨翥说这个事儿。

眼看孩子一听到驴子叫就哭，饮食也明显减少了，这对夫妻最后还是把这件事和杨翥说了。杨翥听后二话没说，就把自己的驴子卖了，从此外出或上朝都靠步行。

我的收获

"我是睦邻友好小达人"评价表

评价内容	评价等级			
	自我评价	同学评价	老师评价	家长评价
见到邻居主动问好				
尊重邻居，不窥探邻居家的隐私				
邻居有困难时，力所能及地帮助他们				
能够理解邻居家的难处				
自己在家娱乐或锻炼时不打扰邻居				
感悟收获：				

评价说明：评价分为优秀（A）、良好（B）、一般（C）、再努力（D）四个等级。请家长、老师、同学对被评价人一周的表现进行评价。

3. 诵读国学经典

国学经典是中华民族五千年灿烂文化的精髓，是华夏沃土灿若星辰的瑰宝。在漫漫的历史长河中，国学经典是中华文明的重要载体。它像一条坚韧的纽带，将中华文明之珠穿在一起，将灿烂的中华文化展现在世人面前。

故事在线

国学伴我成长

子曰："温故而知新，可以为师矣。"曾经我觉得国学没有用，古人写的话，我们为什么还要学习呢？每次老师上课时，我总是开小差儿。后来，我逐渐体会到国学那种独特的美，它就像茶，只要细细地品味，就会品尝出它的奇妙之处，而这种奇妙之处是其他任何事物都没有的。

国学博大精深，它承载着古人的智慧。国学包含着以儒学为主体的中华传统文化与学术，是中华文化独一无二的见证。

国学有时是几句话，有时是一篇文章或一首诗。记得老师讲《孔雀东南飞》这首长诗，我们学了一个星期，却一点儿不感到累。在这一周里，我们被这首诗深深吸引着。古人的文笔是那样的流畅、优美，用词是那样的精练、传神；凄美的故事情节也让我们感动不已。

国学经典充满哲理，不仅适用于古代，而且在现代也有很高的参考价值，我们应该认真学习、体会。

就我们当前的学习来说，国学经典也有很大的作用。比如写作文时，在结尾恰当引用几句国学经典，一下子就令整篇文章充满生机了。说话时说上几句国学经典，既可以清晰地表达意思，又可以体现出我们的修养。

又是阳光明媚的一天，我从书包里拿出一本国学经典，静静地打开。看着古人智慧的结晶，一丝骄傲涌上心头，我不禁大声朗读起来。此时我感觉全身充满了力量，脑子里越来越充实了……

> 诵读国学经典能够传承中华民族的优秀文化，能够让我们感受到源远流长的民族精神，能够增强我们的爱国热情和文化自信。
>
> 诵读国学经典还能陶冶我们的情操，提升我们的气质，增加我们的智慧。
>
> 通过朗诵，我们还能提升自己的普通话水平和语言表达能力，增强自信心。

名言伴我行

旧书不厌百回读，熟读精思子自知。

——北宋·苏轼《送安惇秀才失解西归》

学有所得，必自读书入。 ——明·薛瑄《读书录》

要知天下事，须读古人书。

——明·冯梦龙《醒世恒言·三孝廉让产立高名》

但患不读书，不患读书无所用也。

——清·朱舜水《送林道荣之东武序》

我还知道一些关于读书的名言：

_____

_____

_____

我们在行动

诵读国学经典

诵读国学经典可以提高识字能力，轻轻松松认识数千汉字。

诵读国学经典可以提高语言表达能力，锻炼良好的口才，增强自信。

诵读国学经典可以帮助我们培养良好的行为习惯。

……

知识链接

国学经典　润泽心田

你们知道吗？国学经典是中华文明的瑰宝，是中华民族生生不息的精神纽带。这些经典犹如一汪永不枯竭的清泉，润泽着一代又一代中华儿女的心田。

《周易》《论语》《大学》《中庸》《老子》《千字文》《三字经》《弟子规》，这些国学经典字数都不多，内容丰富、思想精深，我们应该认真体会。

《周易》约17 000字。它被视为群经之首、大道之源，是经典的源头活水。

《论语》约16 000字。自古以来就流传着"半部《论语》治天下"的说法，它的内容涉及政治、历史、哲学、文学、教育、为人处世的道理等，其中的许多内容至今仍对人们的学习、工作和生活具有重要的指导价值。

《大学》约2 000字，可以培养我们的敦厚中正之性，帮助我们树立正确的人生观、价值观、世界观，建构"修身、齐家、治国、平天下"的远大人生格局。

《中庸》约4 000字。"中"是指内在修养不偏不倚、中正平和，"庸"是指做事恰到好处、周全到位。所以，《中庸》说的就是和谐之道。

《老子》约5 000字，是一部智慧奇书。其内容涵盖哲学、伦理学、政治学、军事学等，被后人视为治国、修身的宝典。

《千字文》是由1 000个不重复的汉字编成的韵文，是古代最好的童蒙识字教材。

《三字经》约1 100字，是一部高度浓缩的中国文化简史。

《弟子规》约1 000字，是一整套系统化的"儿童行为守则"。

向国学大师学习

国学是一个很宽泛的概念。我国古代的哲学、文学、艺术、民俗、历史、地理、自然科学等，均在国学的范围内。国学大师，是在国学方面取得极高成就的学者，不仅学贯古今，而且品德高尚，因此受人景仰。

国学大师并不是天生的，他们热爱祖国的优秀文化，并付出了常人难以想象的努力，经历了常人难以忍受的艰辛，才成为大师。

我们学国学，要向国学大师学习。我们要学习他们高尚的品德和对祖国优秀文化的热爱，我们要学习他们不知疲倦地学习、钻研、创新的精神，我们要学习他们良好的学习习惯和方法，我们也要学习他们看待问题的真知灼见和超凡智慧。

向国学大师学习，就像是和许多充满智慧、学问的老人交朋友。他们说的话、讲的道理，也许我们现在还不太理解，但随着年龄的增长，我们的体会会越来越深。国学大师的言行和智慧，会潜移默化地影响我们的学习和生活，让我们受益终身。

王国维

梁启超

章太炎

鲁迅

蔡元培

马一浮

陈寅恪

钱穆

冯友兰

钱钟书

我的收获

"我是国学小达人"评价表

评价内容	评价等级			
	自我评价	同学评价	老师评价	家长评价
喜欢诵读国学经典				
能做好摘抄,记好笔记				
能把学到的国学知识运用到生活中				
能够领悟国学经典的意义与价值				
感悟收获:				

评价说明:评价分为优秀(A)、良好(B)、一般(C)、再努力(D)四个等级。

请家长、老师、同学对被评价人一周的表现进行评价。

4. 帮助弱势同学

在学校里，我们和同学朝夕相处。有些同学在生活和学习中处于弱势：他们有的被病痛所累，有的生活贫困，有的失去亲人……他们的生活和学习要面对意想不到的艰难。我们应该帮助他们，让他们感受到温暖。

故事在线

友谊之花常开

许多见过吕希庆的人都说，他的心纯净得像一汪清水。

他开始帮助同学刘晓时刚刚7岁，那时刘晓9岁，他们都是小学一年级的学生。

因为患有先天性脊柱裂，刘晓双下肢残疾。那时他的腿还能艰难地挪动。下课了，同学们都像小鸟一样到校园里撒欢，而他只能孤单地呆坐在教室里。天性善良的吕希庆凑过来陪刘晓说话，两个原本陌生的孩子很快就熟起来了。刘晓要挪动着上厕所，吕希庆说："我扶着你去。"

刘晓第一次有了开心的微笑。

　　刘晓每天上学、放学都要靠妈妈接送。一天，学校提前下课，刘晓的妈妈还没来，天又下起了雨。班里的同学都走光了，吕希庆没有回家，他陪伴着刘晓。看到刘晓焦急的样子，吕希庆说："要不我背你回家吧！"

　　因为要绕过一道沟，到刘晓家有几里路。吕希庆背着比他大两岁、重许多的刘晓，艰难地在雨中泥泞的土路上行走……正准备到学校去接孩子的刘晓父母，在家门口见吕希庆背回了刘晓，感动得直掉泪。

　　后来，刘晓的腿病情加重，几次大的手术后也没有好转，连慢慢挪动也不能了。吕希庆就成了刘晓的"腿"，刘晓想去哪里，吕希庆就背他到哪里。每天早上，吕希庆早早来到学校等刘晓，刘晓的妈妈把儿子送到学校，吕希庆就接过来，背着刘晓去上课。从小学到初中，他们两个一直是同桌，每次升了级他们也会要求坐在一起。吕希庆每天要帮刘晓做好多事：交作业，打水，爬楼梯上二楼多媒体教室，下课的时候背他上厕所或者背着他到校园里与同学们一起活动。多年来，两人已非常默契，不用说话，一个微小的动作、一个眼神，吕希庆就知道刘晓需要什么帮助，马上放下书本帮他去办。

　　班主任陈颖老师说吕希庆热情、爱帮助人，是全班同学学习的榜样。但吕希庆说，自己是一个普通人，帮助刘晓是应该做的事情。

　　吕希庆乐于帮助同学的故事让人感动、佩服，是我们学习的榜样，以后我们也要像他一样乐于帮助有困难的同学。

名言伴我行

有力者疾以助人，有财者勉以分人，有道者劝以教人。若此，则饥者得食，寒者得衣，乱者得治。

——《墨子·尚贤下》

欲人之爱己也，必先爱人；欲人之从己也，必先从人。

——《国语·晋语四》

君子贵人而贱己，先人而后己。　　——《礼记·坊记》

乐人之乐，人亦乐其乐；忧人之忧，人亦忧其忧。

——唐·白居易《策林·辨兴亡之由》

我还知道一些关于帮助别人的名言警句：

_____

_____

_____

我们在行动

在学校里，一些同学可能因为残疾、疾病、弱小等原因成为弱势群体。他们除了每天完成并不轻松的学习任务以外，还要面对非常多的困难，需要得到同学们的关心和帮助。要想关心和帮助这些有困难的同学，我们具体应该怎么做呢？和你的小伙伴交流一下吧！

我们要热情地帮助他们。

我们应该尊重他们。

我们应该经常鼓励他们。

……

想一想，我们还可以怎样帮助这些同学呢？

理解

有些同学因为身体或家庭的原因，生活和学习有困难，我们应该理解他们，多鼓励他们。

沟通

当同学处于困境时，内心往往是无助的。我们要多与他们沟通，走进他们的内心世界，多分享一些美好的事情给他们。

关爱

我们应该多关爱他们，当遇到需要帮助的同学时，我们要提供力所能及的帮助。

知识链接

榜样的力量

海伦·凯勒幼年因意外疾病而失明及失聪。后来在导师安妮·莎莉文的帮助下，她学会了说话，开始和其他人沟通并接受教育。她毕业于哈佛大学，是掌握英、法、德、拉丁、希腊五种文字的著名作家和教育家。她走遍美国和世界各地，为盲人

学校募集资金，把自己的一生献给了盲人福利和教育事业。她赢得了世界各国人民的赞扬，并得到许多国家政府的嘉奖。

贝多芬从小随父亲学音乐，8岁开始演奏。50岁时，贝多芬耳朵失聪了，可他克服种种困难，创作了许多优秀作品，深受世界各国人民的喜爱。他的成就对同时代及以后欧洲音乐艺术发展都有巨大的影响。

张海迪小时候因患血管瘤导致高位截瘫。虽然她没有机会走进校园，但她发奋努力，学完了小学、中学的全部课程，自学了大学英语、日语、德语以及世界语，并攻读了大学和硕士研究生的课程。 她先后翻译了数十万字的英语小说，编著了《生命的追问》《轮椅上的梦》等书籍，后又创作了30万字的长篇小说《绝顶》。她还尽力帮助周围的青年，鼓励他们热爱生活，努力学习，为人民服务，

为祖国的兴旺发达献出自己的光和热。不少青年在她的鼓励下考取了大学。张海迪在轮椅上唱出了生命之歌：一个人生命的价值在于为祖国的富强、人民的幸福而奋斗、奉献。

我的收获

"助人为乐小达人"评价表

评价内容	评价等级			
	自我评价	同学评价	老师评价	家长评价
尊重弱势同学，不取笑、欺负他们				
同学有困难时，力所能及地帮助他们				
能够理解弱势同学的难处，多鼓励他们				
和弱势同学多沟通，做朋友				
感悟收获：				

评价说明：评价分为优秀（A）、良好（B）、一般（C）、再努力（D）四个等级。

请家长、老师、同学对被评价人一周的表现进行评价。

5.科学用眼防近视

眼睛被称为"心灵的窗户"，对我们的学习和生活至关重要。可现在，很多同学都存在近视问题。近视给我们的日常生活带来诸多不便，也会在一定程度上影响我们的未来。了解眼睛的重要性，养成科学用眼的好习惯，真是刻不容缓。希望大家都拥有一双健康、明亮的眼睛。

故事在线

近视的小猴

从前，在一座美丽的大森林里，有一只非常爱学习的小猴。它可爱看书了！它的书架上有一百多本书。它每天都躺在床上看书，直到妈妈让它睡觉，它才恋恋不舍地把书放下。时间久了，它患上了近视眼。

每天放学，小猴都是急急忙忙跑回家里。一进家门，它就对妈妈说："妈妈，我回来了。"话音刚落，它就钻进卧室里，急匆匆地拿出一本书，摆出了正确的读书姿势。妈妈看见了，还以为小猴把不正确的读书姿势改掉了，脸上露出了欣喜的笑容。可妈妈一走开，小猴又趴在桌子上或者躺在床上读书了。

后来，小猴的眼睛上课看不清黑板了，经常把6看成9，把5看成2，还闹出了许多笑话哩！有一次，在数学课上，老师把"6+5=？"写在黑板上，问小猴："这道题等于几？"小猴回答："9+2=11。"全班同学听了哄堂大笑。

老师把小猴经常出错闹笑话的情况告诉了小猴妈妈，还建议小猴妈妈带小猴去医院看一看眼睛。小猴妈妈听了后忧心忡忡。

第二天，小猴妈妈带小猴去医院看了眼科医生。医生认真检查后对小猴说："你得了假性近视！""啊！"小猴一听，顿时傻了，冷汗也冒了出来。过了一会儿，小猴担忧地问："医生，我的眼睛还能好吗？"医生意味深长地说："你想让眼睛好起来也不难，关键要看你有没有毅力。"小猴一听立刻高兴地跳起来："医生医生，你快告诉我，怎么做眼睛才能好？"医生看到小猴可爱的样子，笑着说："一是少看电视，二是少玩手机、游戏机，三是注意正确的写字、看书姿势。这些你能做到吗？"小猴胸有成竹地说："我能做到！"

从此以后，小猴按照医生说的去做，眼睛渐渐好了起来。

爱读书是好习惯，可我们也要爱护自己的眼睛。如果读书姿势不正确，或者长时间读书而不休息，那么眼睛很容易出问题的！
爱护眼睛、预防近视要讲究方法，还要能坚持才行！

名言伴我行

存乎人者，莫良于眸子。 　　　　——《孟子·离娄上》

目者，五脏六腑之精也。 ——《黄帝内经·灵枢·大惑论》

人之精彩神明，贵乎能视万物、别白黑、审长短也，反是则精明衰可知矣。 　　　　　　　　　　——元·滑寿《读素问钞》

惜视则目不劳，缄光则膏常润。

　　　　　　　　——明·傅仁宇《审视瑶函·目为至宝论》

我还知道一些有关眼睛的名言：

_____

_____

_____

我们在行动

爱护眼睛

眼睛是人体最重要的器官之一，我们所接受的外界信息中，有80%是靠它来获得的。所以眼睛的作用可大了，我们一定要注意保护自己的眼睛。

眼睛如此重要，我们应该如何爱护它呢？

防止眼睛受到意外伤害　　　　注意眼部卫生　　　　预防近视

科学用眼，预防近视

大多数近视是由于我们后天不良的用眼习惯造成的，后天形成的近视是可以预防的。

1. 养成良好的读写习惯

（1）书写姿势要正确。

要牢记"三个一"：眼离书本一尺（约33厘米）远，胸离书桌一拳（6~7厘米）远，手离笔尖一寸（约3.3厘米）远。

（2）读书姿势要端正。

（3）改善不良的学习环境。

读书、写字时光线很重要，不要在光线昏暗的环境看书、写字；不要在走路、吃饭时看书，不要躺在床上或趴在床上看书。

（4）控制读写时间。

2. 多做对眼睛有益的运动

（1）做眼保健操。

每天自觉做眼保健操，让眼睛得到休息。

（2）经常远眺。

课间休息时，眼睛要多看远处。

离笔一尺
离桌一拳
握笔一寸

（3）积极参加体育运动。

3. 养成良好的饮食和睡眠习惯

（1）不挑食，均衡营养。

（2）多吃富含维生素A、维生素B2、钙、锌的食物。

（3）保障每天10个小时的睡眠时间。

预防近视三字经

近视眼，看不远，做事情，不方便。

要预防，不算难：光线暗，不要看；

温功课，一小时，停一停，再来看；

读书时，坐端正，眼离书，一尺远；

阳光下，莫看书，光太强，眼发花；

三字经，记心里，照着做，防近视。

知识链接

近视眼形成的原因

近视眼的特点是只能看近不能看远。远处来的平行光线经过瞳孔进入眼内，聚焦在视网膜之前，在视网膜上不能形成清晰的物像，就是近视。近视形成的原因主要有以下几个方面：

1. 遗传因素

近视分为病理性近视和单纯性近视。病理性近视又叫先天性近视，主要是由遗传因素控制的。青少年中最常见的单纯性近视，则主要是后天形成的，遗传因素的影响有限。

2. 体质因素

缺乏体育锻炼，吃饭挑食，缺乏某些营养素或微量元素如锌、铜、铬等，以及患过某些传染病或慢性疾病等，都可能增加近视发生、恶化的概率。

3. 环境因素

（1）眼睛工作时间过长，如长时间看书、看电子产品、玩电脑等。

（2）用眼习惯不良，如读写姿势不端正，读书时距离过近，经常躺着、乘车、走路时看书等。

（3）用眼环境不良，如学校或家庭的采光照明条件差，课桌椅高矮不适合学生身材等。

我的收获

"科学用眼小达人"评价表

评价内容	评价等级			
	自我评价	同学评价	老师评价	家长评价
能坚持正确的读写姿势				
能自觉控制看电子产品的时间				
经常远眺				
会做眼保健操				
经常运动				
饮食合理，不挑食				
睡眠充足				
感悟收获：				

评价说明：评价分为优秀（A）、良好（B）、一般（C）、再努力（D）四个等级。

请家长、老师、同学对被评价人一周的表现进行评价。

6.爱劳动 保安全

宏伟的古建筑，展示着古代劳动人民的智慧和勤劳；葱茏的绿林，诉说着造林者通过劳动消减黄沙的动人故事；座座高楼，凝结着建筑工人和技术员辛勤的汗水。劳动，让世界变得多彩。劳动是神圣的、光荣的，我们要做爱劳动的好孩子。同时，我们在劳动过程中还要格外小心，保证自身的健康和安全。

故事在线

洪水中的鸟儿

很久很久以前，一场凶猛的洪水吞没了草原，摧毁了森林，使鸟儿们原来美丽富饶的家园一片狼藉。

面对一片凄凉的景象，大雁伤心欲绝。它们决定离开家园，去寻找传说中的乐园。

大雁排着队飞啊，飞啊，飞到了南方。可是，南方的夏天热得像火。于是它们又往北方飞。

它们飞啊，飞啊，飞到了北方，希望在那里找到一片乐园。可是，那儿的冬天冰天雪地，于是它们只得再回南方……

就这样，一年一年过去了，大雁仍然在寻找可以安身的乐园。

它们没有想到，这时候，原来被洪水吞没的家园已经被留下的一些鸟儿建设成了真正的乐园。雄鸡每天一早把大家唤醒，布谷鸟分秒不误地催人们耕种，啄木鸟不辞辛劳地为树木捉虫治病，百灵鸟用美妙的歌喉为大家歌唱……

据说，大雁有一天回到了故乡。它们羞愧极了，感慨地说："乐园原来是建成的，不是找出来的。"

世界上根本不存在现成的乐园，只有靠劳动才能创造美好的生活。与其到处寻找乐园，不如脚踏实地把自己生活的地方建设成乐园。

勤劳是做人的根本，这是最基本的人生哲理。

> 一分耕耘，一分收获。真正的美好生活，只能靠劳动去创造。
>
> 劳动最光荣。我们应该做一些力所能及的事情，不能做衣来伸手、饭来张口的人。

小熊学本领

有一只小熊，它很懂事，也很爱劳动。和妈妈在一起的时候，它经常抢着干活。但它年纪太小了，很多本领还没有学会，所以在劳动的时候吃了不少苦头。

有一天，小熊和妈妈去河边抓鱼。"看我的，妈妈！"小熊兴奋地喊道。"等等！"熊妈妈说，"有些事情要注意。"可是，小熊已经跑向河边了。

熊妈妈也跟着跑向河边，它看到小熊跳到一块石头上，伸出爪子去抓鱼。然后小熊开始晃晃悠悠。

"扑通！"小熊掉进了水里！

熊妈妈笑着说："你要先学会游泳和抓鱼的技巧，再去抓鱼，蛮干是很危险的！你现在看我是怎么做的。"小熊就在河里跟妈妈学起游泳和抓鱼的本领来。它想："我一定要好好学习本领，把抓到的第一条鱼送给妈妈作礼物。"

有一天，小熊和妈妈去森林里摘果子。"看我的，妈妈！"小熊兴奋地喊道。"等等！"熊妈妈说，"有些事情要注意。"可是，小熊已经开始爬树了。

熊妈妈看到小熊抱着树枝往上爬，伸出爪子去摘果子，然后小熊开始摇摇晃晃。

"砰！"小熊从树上摔了下来。幸好树不高，小熊才没有受伤。

熊妈妈笑着说："你要先学会爬树，再去摘果子，蛮干很容易受伤。你现在看我是怎么做的。"小熊就在森林里跟妈妈学起爬树的本领来。它想："我一定要好好学习本领，把摘到的第一颗果子送给妈妈吃。"

同学们，爱劳动是很值得赞扬的一种品质。但是我们现在年纪还小，身体不够高大强壮，很多劳动的技巧我们也没有掌握。所以在劳动时，我们一定要量力而行，保证自己的安全。

名言伴我行

一日不作，百日不食。　——西汉·司马迁《史记·赵世家》

人体欲得劳动，但不当使极尔。

　　　　　——西晋·陈寿《三国志·魏书·华佗传》

天下未有不劳而成者也。　——隋·王通《中说·述史篇》

量力而行则不竭，量智而谋则不困。

　　　　　——清·唐甄《潜书·审知》

我还知道一些有关劳动的名言警句：

_____

_____

_____

我们在行动

劳动是光荣的，同学们，让我们行动起来吧！不管是在学校里、家里还是社区里，我们都能做一些力所能及的事情。我们可以做些什么呢？和小伙伴交流一下吧！

在家里，我们要做一些力所能及的家务，比如择菜、洗米、煮饭、扫地、拖地、洗衣服等。

在学校里，我们应该积极地做值日。

在社区，我们可以……

想一想，我们在劳动时要怎样注意安全呢？

参加集体劳动时，我们要做到：

（1）认真听课，牢记劳动的正确程序和注意事项。

（2）劳动过程中，要虚心接受指导，及时改正自己不正确的动作，遇到不会操作的地方要及时请教。

（3）要细心琢磨、慢慢体会劳动要领，切忌还未熟练就逞强与人比速度。

（4）遵守劳动纪律，劳动时不和同学玩耍，特别是使用工具时严禁嬉戏、追逐、打闹。

（5）必须在指定范围内参加劳动，不擅自改变劳动的有关规定，服从分配听指挥。

在家做家务时，我们要注意：

（1）擦玻璃时要防止划伤，不能站在窗子外面擦。

（2）炒菜时，菜要轻轻倒入锅里，以免热油溅出烫伤自己。

（3）擦拭电器时要先切断电源，以免触电。

（4）干农活时，要熟悉劳动工具的正确使用方法，避免因方法不当而对自己或他人造成伤害。

（5）水开了，要拿软布包裹好提手，壶嘴儿朝外把壶提出。

切忌蛮干，量力而行：

每个人的体质不同，对劳动方法的掌握程度也不一样，蛮干会伤害身体。我们一定要根据自己的能力参加劳动，做一些力所能及的事情，注意保护自己。

知识链接

劳动受到伤害时如何处理?

1. **割伤**：伤口较小时用碘伏消毒，然后用纱布或创可贴包扎、覆盖伤口；伤口较大时应立即止血，并及时就医。

2. 肌肉拉伤、关节扭伤：应在24小时内冷敷并加压包扎，及时就医，避免伤情恶化。

3. 骨折：及时进行局部固定，然后立即去医院治疗。

4. 烫伤：立即用大量的冷水冲淋降温，程度严重的及时到医院治疗。

5. 中暑：首先把病人移到阴凉通风处躺下，头部不要垫高，并给病人喂水，严重的及时就医。

6. 触电：立即用不导电物体切断电源（不可直接接触触电者），并及时将触电者送到医院治疗。

我的收获

"安全劳动小达人"评价表

评价内容	评价等级			
	自我评价	同学评价	老师评价	家长评价
积极参加力所能及的劳动				
遵守劳动纪律，按要求进行劳动				
劳动时能注意用电用水安全				
正确使用劳动工具				
劳动时不蛮干，量力而行				
感悟收获：				

评价说明：评价分为优秀（A）、良好（B）、一般（C）、再努力（D）四个等级。请家长、老师、同学对被评价人一周的表现进行评价。

7. 做个快乐的"光盘族"

小小的餐桌，是传承中华优秀传统文化和勤劳节俭传统美德的地方。文明就餐，不仅是个人良好素质的体现，而且是对中华民族传统美德的传承和弘扬。让我们积极行动起来，做快乐的"光盘族"吧！

故事在线

一粒米的故事

大家好，我是来自东北的大米。历经了春播、夏耕、秋收，我终于和大家见面啦！我属于稻米小家族，我和麦类、豆类、薯类等都属于粮食大家族。我们为人类提供诸如蛋白质、维生素、膳食纤维等必不可少的营养物质。

每年春天，农民伯伯不仅要将我从一粒种子孕育成秧苗，还要帮我整理好床铺。到了插秧季，我从温暖的育苗棚里搬家到稻田里。为了让我在新的环境里苗壮成长，农民伯伯风吹日晒是避免不了的，蹲腿弯腰也是工作的日常。

好了，可以静待丰收了吗？没那么简单！

整个夏天，温度、光照、风力、病虫害等很多因素都足以左右我的长势。除虫除草、祛病除菌、施肥灌排……不管是日晒还是雨淋，我都需要被农民伯伯呵护。

好不容易熬过了夏季，迎来了收获的季节。

稻田里，收割机轰鸣作业，收割、脱粒、装袋，农民伯伯一气呵成；晾晒场上，经过干燥、筛选，我终于完成了从稻谷到稻米的华丽变身。

从一粒种子变成白花花的稻米，我们稻米家族要走过漫长的旅程。这段旅程，双季稻、三季稻最短需要90天左右，单季稻则需要春夏秋三个季节。这段旅程，我们离不开阳光雨露，更离不开农民伯伯的辛勤劳动。很多人因为现在日子好了，物质极大丰富了，便没有那么珍惜我们了，我们被剩在了饭碗里，倒进了垃圾桶……但事实上，这个世界还有很多人因为没有饭吃而饱受饥饿折磨。

"天育物有时，地生财有限。"我的生长不是一蹴而就的，别等到找不到我的时候才想起来我的好。

珍惜我，就是珍惜大自然的恩赐，珍惜农民伯伯的劳动成果，更是珍惜人类自己的生命。

一粒大米千滴汗，勤俭节约理应该！

也许有的同学会说，饭是我自己花钱买的，愿意怎样就怎样。他们没有意识到，他们浪费的不仅仅是粮食，还是农民的血汗和国家的宝贵资源；他们丢弃的也不只是米饭，还有勤俭节约的传统美德。

名言伴我行

夫地力之生物有大数，人力之成物有大限。取之有度，用之有节，则常足；取之无度，用之无节，则常不足。

——唐·陆贽《均节赋税恤百姓六条》

口体之欲，何穷之有？每加节俭，亦是惜福延寿之道。

——北宋·苏轼《与李公择书》

要提倡勤俭持家，节约粮食，以便有积累。

—— 毛泽东《关于农业问题》（1957年10月9日）

即使生活一天天好了，也没有任何权利浪费！浪费粮食的不良风气必须坚决刹住！

——习近平《在中央农村工作会议上的讲话》（2013年12月23日）

我还知道一些关于勤俭节约、爱惜粮食的名言：

我们在行动

节约粮食小窍门

1. 做饭时，吃多少做多少。

2. 吃饭时，吃多少盛多少。

3. 点餐时，吃多少点多少。

4. 剩饭剩菜打包。

5. _____

打包饭菜注意事项

1. 打包的食物需凉透后再放入冰箱。

2. 打包的食物和冰箱中存放的食物取出后必须回锅。

3. 剩饭剩菜保存时间不宜过长。

4. _____

"光盘"行动我倡议

1. 树立以节约粮食为荣的观念。

2. 不攀比，以浪费为耻。

3. 节约粮食从我做起，把节约落实到行动中。

4. 积极宣传"光盘"行动，让身边的人加入"光盘"行动。

5. _____

争当"光盘小达人"

反思一下自己或家人、同学在生活当中是否存在浪费粮食的情况,并谈谈下一步要怎么做。

_____

_____

_____

_____

_____

知识链接

杜绝"舌尖上的浪费",总书记这样强调

"一粥一饭,当思来处不易",习近平总书记非常重视浪费粮食的问题,对制止餐饮浪费行为做出了许多重要指示。

粒粒稻米、小小餐桌,总书记始终牵挂于心。

2013年1月22日，习近平总书记在第十八届中央纪律检查委员会第二次全体会议上发表重要讲话。他指出："我们的财力是不断增加了，但决不能大手大脚糟蹋浪费！要坚持勤俭办一切事业，坚决反对讲排场比阔气，坚决抵制享乐主义和奢靡之风。"总书记强调，要大力弘扬中华民族勤俭节约的优良传统，大力宣传节约光荣、浪费可耻的思想观念，努力使厉行节约、反对浪费在全社会蔚然成风。

总书记多次强调"勤俭是我们的传家宝，什么时候都不能丢掉"，并以实际行动率先垂范。

2014年1月26日，习近平总书记视察内蒙古边防哨所时，在边防某团一连食堂排队就餐，餐盘里一道简单的西红柿炒鸡蛋十分醒目。

一粒大米千滴汗，粒粒粮食汗珠换。总书记曾在中央农村工作会议上举例说："媒体报道，一所大学食堂的垃圾桶里经常有白花花的馒头和米饭，清洁工看着心痛，捡起来再吃。这方面例子不在少数，一些大学食堂成了浪费食物的'天堂'，触目惊心！"对此，总书记强调，要高度重视节约粮食，浪费粮食的不良风气必须坚决刹住！

勤俭节约是中华民族的传统美德。不论我们国家发展到什么水平，不论人民生活改善到什么地步，艰苦奋斗、勤俭节约的思想永远不能丢。艰苦奋斗、勤俭节约，不仅是我们一路走来、发展壮大的重要保证，也是我们继往开来、再创辉煌的重要保证。

我们应该居安思危，杜绝"舌尖上的浪费"，绷紧粮食安全之弦，让节约粮食成为永久的习惯和风气。

我的收获

"光盘小达人"评价表

评价内容	评价等级			
	自我评价	同学评价	老师评价	家长评价
树立"节约光荣"的正确观念				
能自觉根据自己的饭量点餐				
不挑食，不浪费不爱吃的食物				
打饭时吃多少打多少，不够再打				
剩饭剩菜打包				
积极宣传节约粮食的重要性				
感悟收获：				

评价说明：评价分为优秀（A）、良好（B）、一般（C）、再努力（D）四个等级。

请家长、老师、同学对被评价人一周的表现进行评价。

8.劳动成果我珍惜

劳动是什么？劳动是用种子育出粮食，是把蚕丝纺作锦绣，是将沙漠变成绿洲。劳动是伟大的，是神圣的，也是艰苦的。没有各行各业劳动者辛勤的付出，就没有我们今天的幸福生活。劳动成果来之不易，我们一定要珍惜。

故事在线

珍惜环卫工人的劳动成果

环卫工人是城市的美容师，是绿色家园的守护者。他们日复一日、年复一年地在平凡的岗位上默默奉献着。

每天凌晨三四点钟，大多数市民还在睡梦中时，环卫工人就开始了一天的忙碌，仔细清理城市的每一个角落。每天太阳升起前是他们最忙碌的时候，只是为了赶在我们早上出门前，把城市打扫得干干净净。

正是有了甘于平凡、默默付出的环卫工人，我们的城市才变得干净、美丽，我们才能拥有更好的生活环境。

夏天，环卫工人要在烈日和高温下劳动。街面上的小广告和地面上的口香糖，是环卫保洁工作中最棘手的活儿。随着气温升高，口香糖黏性增强，增加了清除难度。一个环卫工人用两个小时才能清理40来个粘在地面上的口香糖，大部分口香糖需要用小铲子反复处理才能完全清除。

　　下雨天，环卫工人要穿着雨衣、戴着斗笠工作。因为有雨水，地面上的树叶、纸屑等垃圾打扫起来很费劲，有时必须用手或工具一片一片地捡起来，再放到垃圾车里。

　　冬天的凌晨格外寒冷，但严寒挡不住环卫工人的脚步。下雪天，当我们赏雪景、堆雪人、打雪仗，尽情享受冰雪带给我们的欢乐时，不要忘记环卫工人凌晨四点就到达了工作岗位，开始扫雪、铲雪，一天要付出十几个小时的高强度劳动。零下十几度的气温，他们仍然忙得满头大汗。

　　在红绿灯路口，有些车主喜欢在停车等红绿灯时从车窗里把垃圾抛出来。这时环卫工人要过去捡垃圾。这是很危险的，有的环卫工人就在捡垃圾时出了事故。

　　尽管辛苦，环卫工人仍然热爱自己的工作，把保持城市干净整洁作为自己义不容辞的责任。

　　做了30多年环卫工作的李会云说："这条大街，你不扫，我不扫，谁来扫呢？"这么多年下来，她对这条街道已经有感情了，像对待自己的孩子一样，每天把它收拾得干干净净，不仅路人看着舒服，自己看着也舒心。

　　王振鹏是2008年开始和妻子一起干环卫工作的。多年来，他在做好环卫工作的同时，也在自觉做一名文明卫生的宣传者。遇到有人乱丢垃圾，他会指出这是不文明行为。有时也遇到一些不理睬他的人，但绝大多数人是理解的。"有人拾起垃圾丢到桶里，对我说辛苦了，那时我的心里像吃了糖一样甜。"

　　这些可敬的环卫工人，不怕脏，不怕累，用双脚丈量城市的土地，用双手换来了城市之美。

　　同学们，当你们想要随地扔垃圾、车窗抛物、乱泼污水时，请想想那些默默无闻、勤劳工作的环卫工人吧！我们多扔一片垃圾，他们就要多弯一次腰；我们从车窗抛物一次，他们捡拾垃圾时就多了一分危险；我们乱泼一次污水，他们就要细心地清洗一次路面。这既是对他们的不尊重，也破坏了他们辛勤劳动的成果。

让我们用实际行动表达对环卫工人的尊重，不乱扔垃圾，不从车窗往外抛物，不乱泼污水，珍惜环卫工人的劳动成果，为建设美丽家园贡献自己的一份力量。

> 有无数环卫工人的辛苦付出，才有了我们干净整洁的生活环境。我们一定要好好珍惜环卫工人的劳动成果！

名言伴我行

每一食，便念稼穑之艰难；每一衣，则思纺绩之辛苦。

——唐·吴兢《贞观政要·教戒太子诸王》

桑蚕苦，女工难，得新捐故后必寒。

——清·沈德潜《古诗源·衣铭》

一国国民每年的劳动，本来就是供给他们每年消费的一切生活必需品和便利品的源泉。

——[英]亚当·斯密《国民财富的性质和原因的研究》

劳动把沙漠和森林改变为耕地，把大地覆盖以城市，使海洋飘浮着船只。劳动给予我们丰盛、舒适和优美，免除我们的贫困、苦难和野蛮。 ——[英]麦克库洛赫《政治经济学原理》

我还知道一些有关珍惜劳动成果的名言：

_____

_____

_____

我们在行动

任何劳动成果都来之不易，我们应该怎么做呢？和你的小伙伴讨论一下吧！

劳动没有高低贵贱之分，各行各业的劳动成果都值得我们珍惜。

我要珍惜生活用品、学习用品，这些都包含了劳动人民的汗水。

学习也是一种劳动，我要好好学习。

……

烈日炎炎，酷热难当，农民伯伯还在田间辛劳着，所以我要_____

_____

每天放学后，值日生都会把教室打扫得干干净净，所以我要_____

_____

寒来暑往，环卫工人不惧脏累，把我们的城市打扫得一尘不染，所以我要_____

_____

无论刮风还是下雨，交警叔叔都要维持交通秩序，所以我要_____

_____

青丝变白发，老师每天孜孜不倦地工作着，所以我要_____

_____

知识链接 💡

榜样的力量

我们所穿的衣物离不开纺织工人的辛勤劳动，我们所吃的粮食和蔬菜离不开农民的辛勤劳动，我们住的房子离不开设计师和建筑工人的辛勤劳动，我们能坐车出行离不开车辆制造工人和驾驶员的辛勤劳动，我们生活的优美环境离不开环卫工人的辛勤劳动……在享受各行各业劳动者带给我们的甜美成果时，我们也应该明白，劳动成果来之不易，我们必须好好珍惜。

许多革命先辈都非常珍惜劳动成果，他们是我们学习的榜样。

在毛主席生前用过的一百多件日常生活用品中，有一件穿过20多年、已补过73次的睡衣。身边的工作人员多次提出给他换一件新的，他都执意不肯，直到逝世前夕，他还是穿着这件睡衣。在国民经济困难时期，他带头节约粮食，常常几个烤芋头就是一顿饭。

在周总理身上，这样的例子也数不胜数。周总理日常饮食非常简单，而且每次吃剩下的饭菜，都要留到下餐再吃，从不浪费一粒米、一片菜叶。不仅仅是吃，周总理在穿上也非常节俭。他担任了26年的总理，皮鞋只有三双。皮鞋穿坏了，修补好之后接着穿。他穿的衣服也是补了又补的。在工作的时候，他只穿一套中山装，时间长了，中山装就破旧了，特别是袖子磨损得不成样子了。为此他把办公桌的玻璃换成了布，这样就可以减轻衣服的磨损，之后每次工作的时候他还戴上袖套，也是为了保护衣服。周总理的侄女周秉德在回忆伯父时说道："总理一辈子都是非常俭朴的，可以说他根本没有过一天奢华的生活，没有穿过一件奢华的衣服、吃过一次奢华的饭菜。"

雷锋在望城县委当公务员的时候，有一次，他看见路上有一颗螺丝钉，没有在意就走开了。书记却把钉子拾起来，装进了衣袋。几天后，雷锋要到一家工厂去送信，书记掏出那颗螺丝钉，说："小雷，把它送到工厂去吧。

咱们国家底子薄，要搞建设就得艰苦奋斗呀！"雷锋听了，顿时明白了。后来他到了部队，用旧木板钉了一个"节约箱"，把捡到的各种材料都装进去。许多次，雷锋就是从这个"节约箱"里找到了要用的东西。

粮食、衣服、各种生活生产材料，都是来之不易的劳动成果。即使现在生活条件好了，我们也应该向艰苦奋斗、勤俭节约的革命先辈学习。珍惜劳动成果，可以使它们的价值最大化，可以节约资源，节省人力、物力，也是对劳动者最起码的尊重。

我的收获

"珍惜劳动成果小达人"评价表

评价内容	评价等级			
	自我评价	同学评价	老师评价	家长评价
穿衣不攀比，按需购买衣物				
吃饭时不浪费食物				
爱护环境，不乱扔垃圾				
上课认真听讲，尊重老师的劳动成果				
遵守交通规则，尊重交警的劳动成果				
爱惜生活用品、学习用品，不浪费				
感悟收获：				

评价说明：评价分为优秀（A）、良好（B）、一般（C）、再努力（D）四个等级。请家长、老师、同学对被评价人一周的表现进行评价。